Texte et photos de Julie Paquet
Illustrations de Geneviève Guénette

Cléo Clic Clic
AU YÉMEN

Merci maman

la courte échelle

Les éditions de la courte échelle inc.
5243, boul. Saint-Laurent
Montréal (Québec) H2T 1S4

Directrice de collection :
Annie Langlois

Révision :
Sophie Sainte-Marie

Conception graphique :
Elastik

Mise en pages :
Sara Dagenais

Dépôt légal, 2e trimestre 2006
Bibliothèque nationale du Québec

La courte échelle reconnaît l'aide financière du gouvernement du Canada par l'entremise
du Programme d'aide au développement de l'industrie de l'édition pour ses activités d'édition.
La courte échelle est aussi inscrite au programme de subvention globale du Conseil des Arts
du Canada et reçoit l'appui du gouvernement du Québec par l'intermédiaire de la SODEC.

La courte échelle bénéficie également du Programme de crédit d'impôt pour l'édition de livres
— Gestion SODEC — du gouvernement du Québec.

Catalogage avant publication de Bibliothèque et Archives Canada

Paquet, Julie

    Cléo Clic Clic au Yémen

    (Collection Albums)
    (Cléo Clic Clic)

    ISBN 2-89021-781-7

    I. Guénette, Geneviève. II. Titre. III. Collection : Paquet, Julie. Cléo Clic Clic.

PS8631.A68C534 2006   jC843'.6   C2005-940967-3
PS9631.A68C534 2006

Imprimé en Chine

Qui est Cléo Clic Clic?

Cléo Clic Clic est une fillette exceptionnelle. Ses parents l'ont adoptée au Vietnam quand elle était un tout petit bébé. Dans son berceau, ils ont trouvé une tortue qu'ils ont appelée Colin et un vieil appareil photo aux allures énigmatiques.

Au fil des années, Cléo et sa tortue ont mystérieusement appris à communiquer ensemble, dans un langage secret. C'est ainsi que Colin a pu expliquer le pouvoir magique de l'appareil photo à son amie… un appareil extraordinaire permettant de voyager partout dans le monde lorsqu'on sait l'utiliser.

Depuis quelque temps déjà, Cléo s'amuse à parcourir la planète en compagnie de Colin. Grande curieuse, elle adore découvrir la vie des jeunes de son âge de différents pays. Ses nouveaux amis prennent plaisir à lui expliquer leurs coutumes, leurs jeux, leurs particularités. À chaque voyage, Cléo revient comblée et avec des dizaines de photos à ajouter au babillard de sa chambre.

Ses parents ne savent pas d'où viennent ces photos… Ils se doutent bien de quelque chose, mais qui pourrait vraiment croire à l'existence d'un appareil photo magique? Surtout que Cléo a le don de toujours réapparaître au bon moment!

Dans sa chambre, Cléo Clic Clic s'amuse à classer dans son album les timbres qu'elle a rapportés de son voyage au Maroc. Un bâtonnet d'encens brûle sur sa table de nuit. Cléo apprécie le parfum exotique qui s'en dégage. Colin, sa tortue, ne partage pas le goût de son amie. La fumée de l'encens lui chatouille les narines et le fait éternuer.

Curieuse de découvrir d'où vient l'encens, Cléo consulte son encyclopédie : « Il y a des milliers d'années, l'encens était récolté des arbres appelés *Boswellia sacra*, puis transporté, à dos de chameaux, du sud de l'Arabie jusqu'à la *Méditerranée**. Des marchands grecs, romains ou égyptiens l'achetaient alors à prix d'or. Le chemin qu'empruntaient ces marchands d'*aromates** se nomme la route de l'encens. »

Sur la carte géographique qui accompagne le texte, Cléo note que la route de l'encens prenait naissance dans la région de l'Hadramaout au Yémen, pays du Moyen-Orient fort mystérieux.

— Colin, rendons-nous sans plus tarder dans ce coin du monde qui sent si bon l'encens.

Colin n'a même pas le temps de répondre que Cléo a déjà saisi son appareil photo magique et FLASHHHH !

Cléo et Colin réapparaissent sur la plus haute terrasse d'une maison située au cœur de Sanaa, capitale du Yémen. Un magnifique panorama s'offre à leurs yeux. Des maisons-tours en *pisé** de quatre ou cinq étages se dressent à perte de vue. Les cadres blancs des fenêtres contrastent avec la couleur sable de ces immeubles tous à peu près identiques. De jolis vitraux colorés égayent quelques façades. On dirait un gigantesque décor de théâtre en pain d'épice. Une ville magique! Clic! Clic!

Les aventuriers entrent par le dernier étage de la maison. Cléo jette un coup d'œil dans la grande pièce vitrée, appelée *mafrag**. Elle est étonnée de n'y apercevoir que des hommes. Ils sont allongés sur des tapis et sirotent du thé rouge.

Cléo descend un escalier aux marches étroites et inégales. Elle tombe nez à nez avec une jeune Yéménite qui sursaute en la voyant. Ses yeux d'*ébène** noircis au *khôl** lui donnent un air tout aussi mystérieux que sa ville. Après de brèves présentations, Cléo lui demande où se trouvent les femmes. Samia lui apprend qu'au Yémen, comme dans beaucoup de pays *musulmans**, la *mixité** est rare entre les hommes et les femmes.

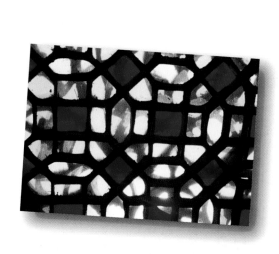

Samia invite la voyageuse et son inséparable tortue dans une pièce bondée de femmes. Sur une musique arabe, les plus jeunes dansent deux par deux.

— *Ahlan wa sahlan**, sois la bienvenue! lui souhaitent les femmes en chœur.

— Nous célébrons le mariage de Bilkis, ajoutent gaiement deux fillettes en exhibant leurs mains peintes au *nakch**, une pâte végétale noire.

Clic! Clic!

Au fond de la pièce, la mariée, en longue robe dorée et parée d'une coiffe pointue, trône, impassible, sur un canapé. Cléo ne cache pas sa surprise: elle est si jeune!

— Bilkis a quinze ans, répond Samia. Pour nous, elle est en âge de se marier.

Une des fillettes aux mains tatouées prend une cruche ronde en terre et en verse le contenu translucide dans des verres. Elle en offre un à Cléo et lui explique qu'il s'agit d'une eau infusée à la fumée d'un encens particulier dont les femmes yéménites raffolent.

Cléo trempe ses lèvres dans le liquide. Délicieux! Quant à Colin, il pique une tête dans son bol d'eau.

Une odeur envoûtante embaume la pièce. Cléo croit reconnaître une brise d'encens. Colin, lui, en est sûr, puisqu'il se met à éternuer.

— C'est du *boukhour**, l'informe Samia, l'encens le plus fin et le plus pur récolté dans le sud du Yémen. On le brûle depuis la nuit des temps à l'occasion des mariages et des naissances pour parfumer les vêtements et l'intérieur des maisons. La tradition veut que les invités en déposent quelques pépites dans un *encensoir** avant de pénétrer dans une pièce.

Cléo jette une pincée d'encens dans l'encensoir posé sur une table près de la porte. Une fumée bleutée s'en dégage. Clic ! Clic !

Samia approche le *mabkhara** enfumé de la mariée qui soulève ses longs cheveux noirs afin de se parfumer la nuque.

Une femme commence à chanter. Les paroles portent sur le bonheur et la grande beauté de la mariée. Samia invite Cléo à danser en lui apprenant la gracieuse gestuelle des bras et des mains. Quant à Colin, il maîtrise très vite les petits pas de danse… qu'il exécute à pas de tortue.

La danse terminée, Cléo remercie les femmes pour leur hospitalité. Elle a hâte de gagner la route de l'encens.

Dehors, des battements de tambour attirent l'attention de Cléo. Sur la place, un groupe d'hommes, fusils en bandoulière, tourbillonnent en brandissant un court sabre. Clic! Clic!

Un jeune garçon remarque l'air intrigué de la photographe devant ce singulier spectacle. Il lui apprend qu'elle assiste à une danse traditionnelle, nommée Bara.

Soudain, trois détonations retentissent. Convaincue qu'il s'agit de coups de fusil, Cléo cherche à se mettre à l'abri. Dans sa course, elle trébuche et s'étale sur le sol terreux. En se relevant, l'aventurière aperçoit des enfants qui s'amusent à faire exploser de gros pétards et qui se tordent de rire.

— Non seulement je me suis couverte de poussière, mais aussi de ridicule! lance-t-elle à Colin en s'époussetant. Rejoignons au plus vite cette fameuse route de l'encens!

Le Yéménite qui l'avait abordée plus tôt lui indique alors un convoi de jeeps qui s'apprête à partir pour la vallée de l'Hadramaout, là où commençait jadis la route de l'encens.

Quand Cléo et Colin atteignent le convoi de jeeps, ils apprennent qu'il est exclusivement réservé aux hommes. Les véhicules démarrent en trombe dans un nuage de poussière.

— Nous arriverons bien avant vous! leur crie Cléo, moqueuse. Paré pour le décollage, mon cher Colin?

FLASHHHH!

Les deux voyageurs se retrouvent dans une vallée verdoyante surplombée de hautes falaises. Quelle vue époustouflante! Clic! Clic! Ils aperçoivent un garçon qui revient de la palmeraie où il est allé cueillir des dattes. Il s'appelle Ali et propose d'accompagner Cléo et Colin jusqu'à son village.

En route, Ali leur en apprend un peu plus sur la culture de l'encens. Les hommes pratiquent des entailles dans l'écorce des arbres d'encens, d'où s'égoutte une sève odorante. Une fois solidifiée, la résine blanchâtre devient couleur de miel et forme des pépites d'encens qui sont vendues dans les *souks**. Parfois, elles sont même combinées à d'autres aromates pour varier les senteurs.

Cléo se rappelle avoir glissé un bâtonnet d'encens dans sa poche. Elle le sort. Eurêka! Elle vient de comprendre que le bâtonnet est la forme *commercialisée** des grains d'encens, et que l'encens est vendu ainsi pour faciliter son utilisation. Pas besoin d'encensoir ni de charbon pour qu'il dégage son puissant parfum. Un simple brûle-encens et une allumette suffisent! Cléo offre le bâtonnet à Ali.

Elle remarque que son compagnon de route porte un court sabre à la hanche. Ali lui explique en gonflant la poitrine que, dans la société yéménite, la *jambiya** est un symbole de *virilité**. Certains garçons en possèdent une dès quatorze ans, l'âge où on les considère comme des hommes.

— Cette parure masculine est une tradition ancestrale. Qui sait, elle est peut-être aussi vieille que le commerce de l'encens! s'exclame-t-il en posant fièrement pour la photo.

Clic! Clic!

Cléo revoit Bilkis dans sa robe de mariée.

— Décidément, les enfants yéménites deviennent des adultes très jeunes! N'est-ce pas, Colin?

À l'entrée du village, une horde d'enfants se précipite à la rencontre des randonneurs. Le plus jeune d'entre eux entrevoit Colin dans le capuchon de Cléo. Il se rue sur la fillette, s'empare de la tortue et s'éloigne en courant. Cléo se lance aussitôt à sa poursuite, mais le garçon s'arrête brusquement.

— Je me présente, je suis Mâ'in et voici Lézaga, mon ami le lézard, dit-il en montrant la petite bête à ses pieds.

Cléo découvre alors le reptile aux couleurs chatoyantes qui *lézarde** sur une pierre au soleil.

La fillette comprend qu'elle s'est trompée sur les intentions du garçon. L'espiègle voulait simplement présenter Colin à son cousin éloigné, le lézard. Clic! Clic! L'idée lui vient d'attraper le reptile. Horreur! La queue de l'animal lui reste entre les mains, tandis que Lézaga s'échappe à la vitesse de l'éclair. Mâ'in éclate de rire devant la mine déconfite de Cléo.

— Ne t'inquiète pas, sa queue repoussera. Tu connais maintenant le jeu d'adresse préféré des enfants yéménites! s'esclaffe-t-il.

Colin agite sa minuscule queue. «Pas de danger que ça m'arrive», se dit-il, soulagé.

Ali réapparaît à califourchon sur un âne. Il fait monter Cléo et Colin. Le garçon veut leur montrer un visage différent de la région: le paysage rude des plateaux de l'Hadramaout.

À quelques kilomètres du village, le bourricot s'arrête. Cléo observe le paysage lunaire qui s'étend devant elle : un désert rocailleux à perte de vue. Elle a la sensation de se trouver sur une autre planète, à une autre époque. Elle scrute l'horizon et imagine une caravane de chameaux osseux fléchissant sous les sacs d'encens.

Tout à coup, des points se dessinent au loin, puis apparaissent deux silhouettes.

— Colin, tu vois ce que je vois ?

Deux femmes cheminent le long de la piste de gravier. Chacune est coiffée… d'un seau d'eau.

Les trois amis vont clopin-clopant à leur rencontre.

— D'où venez-vous ainsi ? interroge Cléo en descendant de l'âne.

— Nous sommes allées puiser de l'eau dans une *citerne** située à une heure de marche de notre village. Ici, dans les régions rurales, nous, les femmes, jouons un rôle important. Nous apportons au village l'eau potable et le bois pour cuire le pain.

Une fillette, venue rejoindre sa mère, essaie de soulever le seau. Clic ! Clic ! Cléo s'empresse de l'aider. Colin les encourage en scandant des « oh ! hisse ! » à tue-tête.

Le groupe regagne le village d'Ali qui leur fait alors ses adieux. Un peu plus loin, devant sa demeure, la mère de Khadija, la fillette, invite Cléo et Colin à manger. Toute la famille s'assoit en cercle par terre. L'aînée dépose au milieu un plat fumant de haricots rouges. Cléo imite ses hôtes et trempe son bout de pain dans le mets. Les haricots pimentés lui brûlent les papilles. Quant à Colin, il crache du feu !

Pendant le repas, Khadija raconte la légende yéménite de la reine de Saba.

— Du temps de l'*Antiquité**, une reine, dont la beauté n'avait d'égale que la sagesse, engagea son peuple dans le payant commerce de l'encens. Elle bâtit son royaume près de Ma'rib, ville très fertile où les caravanes d'encens s'approvisionnaient en eau. Sous son règne, son pays connut une telle *prospérité** qu'on en vint à l'appeler l'« Arabie heureuse ».

Cléo a envie de s'offrir une dernière escale dans ce lieu légendaire. Elle descend dans la rue.

— Au revoir, Cléo ! Au revoir, Colin ! crient les petits frères de Khadija par la fenêtre.

Clic ! Clic ! Une intense lumière de FLASHHHH ! et voilà que Cléo et Colin disparaissent, à la grande surprise des garçons.

Cléo et Colin resurgissent dans un tourbillon de sable sur le site de l'antique royaume. Des colonnes de pierre sont les seuls *vestiges** du passé. Au loin, une ville en ruine. C'est Ma'rib, la cité stratégique de la route de l'encens. Tout autour, le désert. Cléo se souvient de la légende que lui a racontée Khadija, voulant qu'autrefois il y avait de l'eau ici. «Comme les temps ont changé!» pense-t-elle tout en laissant filer le sable entre ses doigts.

La voyageuse observe des enfants qui ont fait des lieux leur cour de récréation. L'un deux s'amuse à monter entre deux colonnes millénaires. Un vrai *macaque** ! Clic! Clic!

Le soleil se couche et Cléo se sent prête à rentrer chez elle. Elle active son appareil magique. FLASHHHH!

La globe-trotter se retrouve dans sa chambre. Elle s'approche du bâtonnet d'encens qui brûle toujours. D'un geste théâtral, elle offre sa nuque au mince fil de fumée. Sa mimique lui rappelle celle de Bilkis, à peine plus âgée qu'elle et déjà mariée…

— Cléo, tu vas être en retard pour le mariage de tante Christine! lui crie sa mère.

Cléo range presto son appareil photo dans son placard avant d'enfiler sa jolie robe. Colin profite de ce moment d'inattention pour éteindre d'un coup de patte le bâtonnet d'encens.

République du Yémen

Forme d'État : Démocratie pluraliste. L'actuel Yémen est né en 1990 de la réunification du Yémen du Sud et du Yémen du Nord.

Superficie : 527 970 km².

Capitale : Sanaa.

Population : 19 348 900 habitants. Très jeune population, puisque 45 % des Yéménites ont moins de 14 ans.

Langue officielle : Arabe.

Religion : Islam. Il est stipulé dans la Constitution que l'islam est la religion de l'État.

Monnaie : Rial du Yémen.

Géographie : Le Yémen est situé au sud de la péninsule arabique. Ce pays est reconnu pour la grande diversité de ses paysages : déserts, oasis, montagnes, canyons, sans oublier ses littoraux : la mer Rouge à l'ouest et le golfe d'Aden au sud. Ses pays frontaliers sont l'Arabie Saoudite au nord et Oman à l'est.

Climat : La diversité de ses paysages entraîne forcément une diversité de climats. Dans la région désertique du nord, il fait chaud et sec. Le climat est tempéré dans les moyens plateaux du centre, c'est-à-dire que l'été est pluvieux et chaud, et que l'hiver est sec et frais. Quant à la région bordant la mer Rouge, appelée la Tihama, et celle du golfe d'Aden, elles jouissent d'un climat chaud et humide.

Principales ressources agricoles et naturelles : Le Yémen est le plus pauvre des pays arabes. Il est producteur de blé, de café et d'un peu de pétrole. L'encens y est cultivé principalement pour la consommation journalière des Yéménites. L'apiculture, soit la production du miel, est une vieille tradition du Yémen encore pratiquée de nos jours dans plusieurs régions.

As-tu bien observé les photos de Cléo?

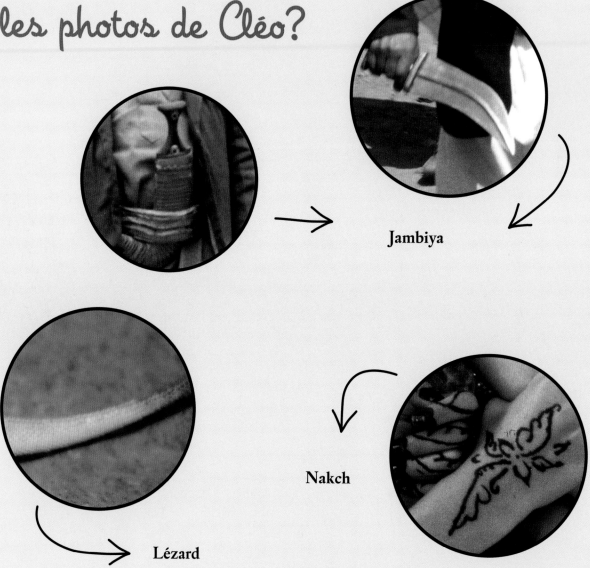

Jambiya

Lézard

Nakch

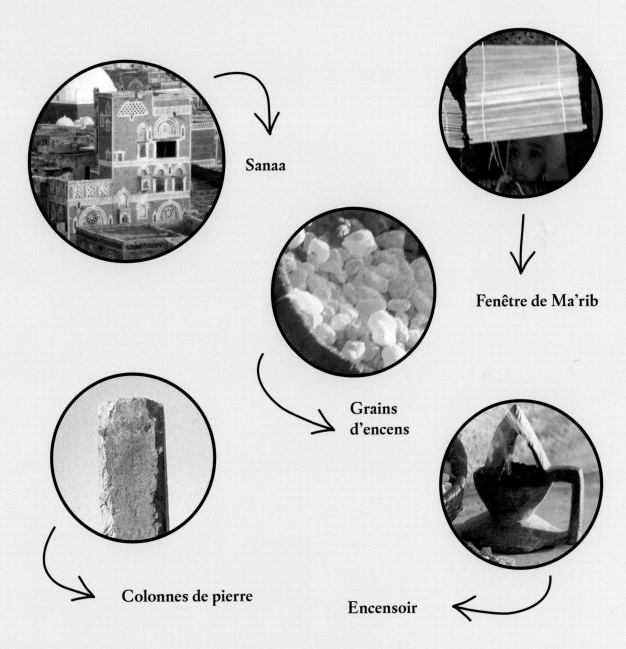

Sanaa

Fenêtre de Ma'rib

Grains d'encens

Colonnes de pierre

Encensoir

Retrouve dans l'album les fragments de photo et décris ce qu'ils représentent.

Le Yémen, c'est aussi...

Les tonneaux d'eau

Dans tous les coins de Sanaa, la capitale du Yémen, des tonneaux d'eau potable munis d'un gobelet sont mis à la disposition des passants par des propriétaires soucieux d'apaiser leur soif. Ces haltes d'eau publiques sont grandement appréciées dans un pays où l'eau potable est rare et où il fait surtout très chaud.

Une architecture unique

De magnifiques palais sont construits à flanc de falaise. Aurait-on oublié de mettre une porte à l'avant? Mais non! Pour éviter les chutes libres, la porte se trouve à l'arrière!

La camaraderie entre hommes

Les hommes ont l'habitude d'afficher au grand jour leur amitié. Dans la rue, à la ville comme à la campagne, ils se tiennent tout naturellement par la main.

Les chapeaux de sorcière

Les hauts chapeaux en osier font partie du costume traditionnel des bergères et des femmes qui travaillent dans les champs de l'Hadramaout, au sud du Yémen.

Les Bédouins

Les Bédouins constituent une ethnie du Yémen qui se distingue par son mode de vie nomade. De moins en moins nombreux, ils vivent dans le désert et y guident les touristes.

Les matelas

Dans les régions les plus pauvres, de petits matelas font office de lits. Le soir, on les étend sur le sol et, le matin, on les empile dans la pièce principale ou sur la terrasse.

Les zalabias

En début de journée, des beignets noués, plutôt fades et huileux, sont vendus dans la rue pour remplir les creux des petits et des grands.

Les moulins giratoires

Les graines de sésame et de moutarde sont pressées dans des moulins en bois activés par le mouvement giratoire d'un bras poussé par un dromadaire. L'huile ainsi obtenue est utilisée pour les soins corporels et curatifs.

Les chèvres

Tachetées de noir et de blanc, elles sont vendues dans les marchés aux bestiaux. Les Yéménites raffolent du lait et du fromage de chèvre.

Lexique

Ahlan wa sahlan: « Sois la bienvenue » en arabe.

Antiquité: Période de l'histoire qui s'étend de la fin de la préhistoire jusqu'à la chute de l'Empire romain (476 après J.-C.).

Aromate: Substance végétale odorante.

Boukhour: Encens très fin cultivé à Aden, dans le sud du Yémen, et utilisé dans les mariages.

Citerne: Grand réservoir dans lequel on recueille les eaux de pluie.

Commercialiser: Mettre en vente.

Ébène: Bois de l'ébénier, d'un noir foncé.

Encensoir: Objet dans lequel on brûle l'encens.

Jambiya: Couteau à lame fourchue que l'homme yéménite porte à la taille, rangé dans un fourreau.

Khôl: Poudre noire avec laquelle les femmes arabes se maquillent les yeux. Se prononce « col ».

Lézarder: Paresser.

Mabkhara: « Encensoir portatif » en arabe.

Macaque: Singe d'Asie.

Mafrag: Grande pièce de réception qui se trouve au dernier étage des maisons.

Méditerranée: Région définie par les pays d'Europe, d'Afrique et d'Asie qui bordent la mer Méditerranée.

Mixité: Le fait que des personnes des deux sexes se côtoient.

Musulmans: Personnes qui croient en un seul dieu, Allah. Les musulmans ont pour religion l'islam, deuxième religion pratiquée dans le monde après le christianisme.

Nakch: Pâte végétale foncée utilisée au Yémen pour tatouer la peau.

Pisé: Matériau de construction de couleur sable fait d'argile et de pierre.

Prospérité: Augmentation des richesses d'une collectivité.

Souk: Marché extérieur qui regroupe divers marchands ou marché spécialisé dans un domaine: vêtements, nourriture, bétail, etc.

Vestige: Ce qui reste d'une construction après des centaines d'années. Ruine.

Virilité: Ensemble des traits physiques propres à l'homme.